Maître et Député
Gilbert COLLARD,

Voici pourquoi le
Front National
ne peut gouverner la
France

Amine UMLIL

Du même auteur

Le Spectre de l'Isotèle. Éditions Les 2 Encres, mai 2013

Médicament : recadrage. Sans ton pharmacien, t'es mort ! Éditions Les 2 Encres, septembre 2013

L'esprit du football : principes fondamentaux. Éditions BoD, février 2016

Ce que devient le médicament dans le corps humain. Conséquences en matière de soins. Collection « Connaître le médicament », Tome 1. Éditions BoD, juin 2016

L'équation hospitalière. De Robert BOULIN à Marisol TOURAINE. Éditions BoD, octobre 2016

Maître et Député Gilbert COLLARD,

Voici pourquoi le Front National ne peut gouverner la France

© 2017, Amine UMLIL
Éditeur :
BoD – Books on Demand,
12/14 rond-point des Champs Élysées
75008 Paris, France
Impression :
BoD – Books on Demand, Norderstedt, Allemagne

ISBN : 9782322138678
Dépôt légal : février 2017

Vous avez manqué une occasion qui vous permettait de défendre la protection de la dignité et de la vie humaines. Vous auriez pu être l'avocat notamment de près de vingt mille victimes annuelles liées aux médicaments.

La prévention de ces 20.000 morts par an, observés depuis de nombreuses années, était le cœur du dossier.

Vous auriez pu être l'avocat de cette urgence de santé publique.

Vous auriez pu l'ériger en grande cause nationale.

Cher Maître et Député de la Nation,
Monsieur Gilbert COLLARD,

En cette folle période d'élection présidentielle française, vous persistez et signez.

Vous avez pris mon argent avant de rejoindre le Front National.

Vous semblez vouloir faire croire aux français que vous êtes capables de faire mieux que les autres partis politiques ; que le Front National serait meilleur que les partis cartels notamment.

Alors ces français ont le droit de savoir.

Je porte donc à leur connaissance une lettre, datée de 2012, qui vous était destinée.

Le contenu de cette lettre est présenté dans ce qui suit.

Cher Maître Gilbert COLLARD,

Vous voilà donc Député de la Nation. Vous avez réussi à franchir la porte du Palais Bourbon. Je tiens à vous exprimer mes sincères félicitations. Certes, j'aurais dû le faire plus tôt. *A minima*, j'aurais dû, peut-être, vous adresser un *Short Message Service (sms)*. Mais, une telle consécration méritait bien plus qu'un texto.

Depuis longtemps, mon encre bouillonne et ma plume me démange. Je vous prie donc de bien vouloir pardonner ce retard. Je compte sur votre compréhension. En réalité, je ne suis point inquiet à ce sujet. Vous connaissez bien mon histoire. Vous savez que mes journées ne sont pas de tout repos. Jusqu'en mars dernier, vous étiez encore en première loge pour contempler l'étonnant spectacle, la caricature, l'ubuesque film, qui dure depuis au moins 2005. Vous saurez donc faire preuve d'indulgence pour excuser ce retard. J'en suis presque certain.

Mais, soyez-en assuré, je n'ai pas manqué cet événement que vous avez qualifié, le soir de votre élection démocratique, comme étant *« le plus beau jour »* de votre *« vie »*. Je vous demande de me croire sur parole. Comment d'ailleurs, aurais-je pu manquer une telle occasion ? C'était impossible. Vous creviez tellement l'écran aux dernières législatives. Les ondes vous transportaient. Elles vous berçaient entre célébrité et notoriété. À jamais, votre consécration marquera l'histoire. Elle embellit votre impressionnant parcours. C'était votre soir. Un instant mémorable qui semblait vous procurer une joie immense. Celle-ci contrastait terriblement, douloureusement, honteusement, avec la scène que je vis, quotidiennement, depuis de longs mois, sous votre regard approbateur, bienveillant et silencieux.

Est-ce ce genre de *« silence »* qui serait votre *« rêve de bonheur »* comme vous l'écriviez dans votre livre *Avocat de l'impossible* ?

En cette soirée du mois de juin 2012, vous me sembliez déterminé à user du pouvoir dont vous étiez désormais investi en devenant Député de tous les Français. Je n'irais pas jusqu'à citer la phrase que vous aviez prononcée dans ce sens pour rassurer l'auditoire. J'éviterais de rappeler cette phrase, certes populaire mais teintée de vulgarité, qui semblait résumer la méthode que vous comptiez utiliser pour bousculer le *statu quo*. Vous comptiez déployer votre énergie pour faire entendre la voix de nos concitoyens qui ont cru en votre discours ; qui vous ont témoigné leur confiance. Comme je vous avais accordé la mienne en ma qualité de partie civile et citoyen français, mais d'origine marocaine comme certains ne manqueraient pas de préciser.

Le soleil est radieux. La chaleur estivale, tant désirée, est au rendez-vous. Je suis loin de mes coordonnées, de mes fréquentations et fréquences habituelles. Mais, je pense à vous. Je suis en vacances. Un instant que j'attendais avec impatience. La routine s'éloigne. La maltraitance fait une pause. Les blessures tentent de se refermer. La distance aide à l'oubli. À son tour, l'oubli essaye d'atténuer la douleur. L'esprit s'éclaircit. Le cœur s'apaise. Mais, je pense toujours à vous. Ce n'est point une obsession mais les idées s'accumulent dans la salle d'attente de mon cerveau. Elles s'impatientent. Elles s'agitent. Elles commencent à tourner en boucle. Elles veulent qu'on les examine. Comment vous les transmettre ? Ma position est très basse. Vous êtes très haut, bien loin. Je suis noyé dans la poussière de la moquette. Votre piédestal est éclairé par les lumières des lustres. Je suis dans un immense souterrain connu pour ses nombreux et sombres labyrinthes, pour son odeur nauséabonde, pour son silence qui saisit tout nouveau visiteur et explorateur, pour ses égouts peuplés de quelques prédateurs. Alors que vous êtes sur une terrasse bien ensoleillée et délicieusement parfumée. Bref, une distance notable nous sépare. Comment agir donc pour vous faire connaître, ou plutôt vous rappeler, ces têtues idées ? Comment les faire partager ? Comment se soulager ? Quel levier actionner pour vous faire prendre conscience des conséquences de vos actes ou plus exactement de votre silence et de votre inertie ? Comprenez-moi. Le poids que je supporte devient pesant. Je me dois de dénoncer l'illusion qui pourrait, à nouveau, tromper mes semblables.

Acceptons d'apprendre par l'erreur. Je perçois cette tâche comme un devoir. Comme une action d'utilité publique. Je peux le faire. Je prends conscience de ma chance. J'ai appris à lire et à écrire dans la langue de Molière. Ce n'est, peut-être, pas le cas de tous mes semblables. Ma maîtrise du verbe est sans doute bien inférieure à la vôtre. Mais, je dois prendre le risque. J'aimerais juste vous interpeller ; bien que, d'avance, je sais que votre *« devise »* serait *« Je m'en fous »* comme vous l'écriviez dans votre livre. Mais, vous avez aussi écrit que votre *« plus grand malheur »* serait *« d'être sourd »*. Alors, j'aimerais vraiment que vous écoutiez, jusqu'au bout, ce que j'ai à vous dire. À tort ou à raison.

Et enfin, je trouve un court moment pour vous écrire ces quelques lignes. D'avance, je sais encore que *« ce que vous détestez par-dessus tout »* serait *« l'hypocrisie »* comme le souligne votre propre plume. Il est vrai que l'hypocrisie est détestable. J'ajouterais qu'elle n'est d'autant plus détestable et répugnante que lorsqu'elle vient se conjuguer à la médiocrité, la lâcheté, le mépris et la trahison. Je vais donc essayer d'éviter de vous décevoir dans la présente lettre ouverte que je me permets de vous adresser. Elle me paraît être un des moyens appropriés et efficaces pour réduire l'altitude qui nous sépare. Ma lettre sera courte, je vous rassure.

Comme vous le savez, on me reproche souvent de trop écrire. On me reproche d'avoir trop subi. Alors, je ferai un effort pour tenter de résumer mes propos et les idées qui encombrent mon esprit. Je sais que les pages de votre agenda sont bien remplies. Et, je n'aimerais surtout pas vous indisposer et prendre ainsi le risque de vous voir interrompre la lecture de ce que j'ai à vous dire.

D'abord, je souhaiterais vous poser une question. Le soir de votre élection, vous êtes-vous souvenu de cette *« formule énigmatique »* que *« Sœur Emmanuelle »* vous *« avait glissé un jour pour définir l'action des hommes connus »* ? Dans votre livre, vous nous expliquez, en effet, que Sœur Emmanuelle vous a glissé : *« Ils font tous tellement les guignols, y compris toi, qu'un jour ça pourrait servir à quelque chose. »*

Vous voilà donc entre le prétoire du Palais de verre, Palais de justice, et le siège du Palais Bourbon. Entre le Bleu-Marianne et le Bleu-Marine. Seul un homme ou une femme de votre envergure serait capable d'un tel exploit. Mais, pensez-vous que le Député que vous êtes devenu sera plus utile que l'imminent avocat que vous êtes déjà ? Devrais-je dire :

que l'imminent avocat que vous étiez ? Envisagez-vous, pensez-vous pouvoir cumuler les deux fonctions en conservant, à chacune d'elles, la même efficacité ? En préservant la même rentabilité ? Et sans nuire à la défense des intérêts de tous vos clients qui, désespérés, plumés, décident un jour de venir frapper à la porte de votre (vos) cabinet(s) ?

Cher Maître, Monsieur le Député, souvenez-vous ! Jusqu'au mois de mars 2012, soit environ trois mois avant votre consécration, j'étais encore un de vos clients. Un justiciable parmi d'autres qui, lui aussi désespéré, a fini, un jour, par avoir la lumineuse idée de solliciter vos diligences. Je dois avouer que cette idée n'était pas mienne. C'est un ami, « bien français », qui m'avait suggéré de me rapprocher notamment de vous. Je vous voyais donc comme l'homme de la situation. Comme le Messie. J'avais parié sur le bon cheval. Celui qui serait capable de parcourir le reste de la distance, rapidement et avec endurance. Celui qui serait en mesure de déployer sa résistance et sa puissance face à l'arbitraire qui semait le trouble dans mon existence depuis sept années maintenant. Mis au pied du mur, au fond du trou, désabusé, votre charisme m'avait percuté. Vos interventions publiques, vos prises de position, votre raisonnement, votre courage pourraient, en effet, séduire un être piégé par l'insidieux système d'erreurs latent que vous ne cessez de dénoncer.

J'étais désabusé, déçu, c'est peu dire, et notamment par vos deux prédécesseurs ; eux aussi des avocats inscrits au barreau. En effet, le cabinet de ma première avocate angevine n'a pas hésité à accueillir comme client, *a posteriori* et sans mon accord, la partie adverse alors qu'il assurait déjà ma défense auprès du tribunal administratif. Un conflit d'intérêts, dirons-nous qui pourrait expliquer le soudain, l'étonnant et le long silence de cette première avocate. Un fait qui m'a obligé de poursuivre moi-même ma défense auprès de la juridiction administrative. Mon deuxième avocat, exerçant lui aussi au sein d'un cabinet angevin, est pénaliste. De son côté, ce conseil a fini par m'expliquer : *« Votre dossier est devenu politique. Il n'est plus juridique. ... Si vous vous suicidez dans votre bureau, votre dossier ressortira. »*

Deux mauvaises pioches qui m'ont fait prendre conscience de ce qu'un expert, proche de l'affaire, essayait de me faire comprendre : « *Ce qui sera le plus dur pour vous, c'est de trouver un avocat qui sera prêt à vous suivre.* », me disait ce connaisseur, exerçant au sein du service régional de la police judiciaire, dès le début de l'enquête qui avait été diligentée par le ministère public suite à ma saisine du procureur général.

J'avais donc misé sur vous, Cher Maître, Monsieur le Député. Vous étiez mon espoir. Jusqu'en mars dernier, vous étiez donc mon troisième avocat. Mais, une fois les sept chèques encaissés à l'avance, on dirait que vous aviez décidé de me prêter votre robe, mais sans les 33 boutons, avant de « *déclarer votre flamme* » à Marine.

Le jeudi 05 janvier 2012, en réponse à mes nombreuses relances et interrogations auprès de vous et de votre secrétariat, vous m'écrivez :

« *Au regard de la pertinence et de la longueur de vos observations, je n'ai pas jugé opportun de les modifier. Je ne m'en suis pas caché auprès du magistrat comme vous pouvez le constater.* »

À ma copie, celle du non-juriste que je suis, vous attribuiez donc un vingt sur vingt (20/20). Le maximum de points. Vous, l'éminent et charismatique avocat pénaliste, un ténor du barreau, la *« figure médiatique, habituée des causes extrêmes, jamais à court de bons mots »* comme le souligne votre livre, n'aviez pas *« jugé opportun »* de *« modifier »* les *« observations »* que je vous avais présentées dans le mémoire de quatre-vingt-neuf pages daté du 17 décembre 2011. Et, vous justifiiez votre décision par *« la pertinence et la longueur »* de mes *« observations »*. Longtemps, je me suis interrogé sur le sens que je devais donner à une telle décision. À une telle note que vous m'accordiez. Etait-ce une nouvelle reconnaissance de la qualité de mes productions ? Et auquel cas, un tel nouveau compliment, distillé par le grand Maître, ne pouvait-il que m'honorer ? Ou alors, s'agissait-il d'un marqueur qui témoignerait du manque de considération que vous accordiez à « mon » dossier ? Que l'expression de ce qui serait votre *« devise »* ? Que la matérialisation dudit *« Je m'en fous »* ?

Je me suis trouvais donc contraint d'élaborer, moi-même, ce mémoire eu égard à votre inertie d'une part, et à l'échéance fixée par la troisième juge d'instruction d'autre part. Ne vous appartenait-il pas de construire, vous-même, un tel document en votre qualité d'avocat qui avait exigé à ce qu'il soit, en plus, payé à l'avance ? Pourquoi ce transfert de charges ? Pourquoi cette inversion de rôles entre l'avocat et le client ? Entre le professionnel spécialiste et l'amateur débutant ?

Et cet exemple, n'est pas isolé.

Comme vous le savez, nous étions, en effet, rendus au troisième magistrat instructeur. Au niveau pénal, le dossier s'est promené d'un magistrat à l'autre. Au sein de la juridiction administrative, il s'est baladé d'une chambre à l'autre. Comme une « patate chaude ». Celle que personne ne voudrait éplucher, ni toucher, ni même approcher.

Un autre exemple surgit de ma mémoire. Le 11 juin 2010, face à ma détresse et à mes incessants appels à l'aide, vous m'écriviez quelques lignes : « *Je comprends votre désarroi et je suis sensible à la situation dans laquelle vous vous trouvez.* » Vous poursuiviez en me proposant une généreuse intervention : « *Je puis pour vous être agréable faire mention de ma constitution auprès du Tribunal Administratif (…) pour faire en sorte qu'il soit officiellement indiqué que je suis votre avocat.* » Et, vous concluiez votre courrier en me témoignant une totale confiance : « *Pour autant je ne demeurerai en charge que du dossier pénal et vous laisserai le soin de poursuivre la procédure devant le Tribunal Administratif sous mon nom. »*

Vous m'autorisiez donc à utiliser votre *nom*. Un *nom* célèbre. Celui d'un avocat connu pour sa compétence. Je pris, j'interprétai, ce geste comme une délégation de signature. Comme une marque de confiance, aveugle. Et, ce n'est pas banal venant d'un géant du barreau. Je suppose que vous n'êtes pas kamikaze. Je présume que vous ne proposez pas ce type de geste, de « deal », à n'importe qui ; à vos clients « normaux ». Je ne peux que vous en remercier. Un moment, je me suis senti comme embauché par le grand Maître.

Mais, étonnamment, curieusement, votre *« constitution d'avocat »*, que vous me proposiez, ne fut jamais enregistrée par ledit tribunal administratif. Le jour de l'audience, je m'y suis même présenté seul. Vous auriez pu, au moins, faire le déplacement pour me soutenir. Pour être à mes côtés. À tout le moins pour contempler celui qui serait devenu votre poulain. Pour noter la plaidoirie de votre nouvelle recrue. Pour vérifier la voie qu'elle a choisie de suivre *« sous votre nom »*. Mais, hélas, votre robe noire que vous sembliez vouloir me prêter, sans les 33 boutons, était bien trop grande pour moi ! J'étais plutôt habitué, habilité, à ne porter qu'une blouse blanche. Et seulement avec 5 boutons, environ.

Le mercredi 29 février 2012, soit plus de deux ans après notre première rencontre dans votre cabinet à Marseille, et en pleine effervescence électorale, je vous adressai l'« *ordonnance de refus de mesure d'instruction complémentaire* » rendue, deux jours auparavant, par la troisième juge d'instruction. Une ordonnance que je venais de recevoir par lettre recommandée à mon domicile. Cette juge ne m'a d'ailleurs jamais reçu. Elle ne m'a jamais vu. Et pourtant, elle opposa un refus aux demandes d'actes que j'avais formulées. Mais, la motivation justifiant ce refus ne semblait pas inintéressante. Il s'agissait d'un autre indice révélateur qui venait s'ajouter à un faisceau d'éléments. Ce magistrat instructeur semblait également penser à vous. Il semblait orienter le curseur en votre direction. Pour motiver ce refus, il considéra notamment que « *les avocats des parties ont eu l'occasion de poser les questions qui leur apparaissaient utiles.* » Et par conséquent, j'aimerais, Cher Maître, en votre qualité d'avocat de la partie civile, connaître *« les questions »* qui vous *« apparaissaient utiles »* et que vous avez *« posées »* dans le cadre de l'instruction.

Je ne vous ai jamais vu m'accompagner, personnellement, aux auditions effectuées par les magistrats instructeurs qui se sont succédés. En libellant cette affirmation de la sorte, je prends le risque de laisser croire que beaucoup d'actes d'instruction auraient été réalisés. Il serait erroné de penser cela.

Ma première audition, menée par la première juge d'instruction, n'a finalement eu lieu que le mardi 27 avril 2010 à 10h00. Soit environ dix mois après le laborieux dépôt de ma plainte avec constitution de partie civile. Une plainte déposée par votre prédécesseur le mercredi 17 juin 2009.

La seconde audition, elle aussi, m'a été difficilement accordée suite à mes propres démarches auprès de la deuxième juge d'instruction et même auprès du président du tribunal de grande instance. Elle a été conduite par la deuxième juge d'instruction le vendredi 01 juillet 2011. Soit plus d'un an après la première.

Même votre collaborateur qui semblait suivre en binôme le dossier avec vous, ne s'est jamais déplacé, non plus. À chaque occasion, une fois devant la porte du magistrat instructeur, j'avais eu la surprise de découvrir le visage puis l'identité de vos deux assistantes. Une assistante différente à chaque audition. Deux assistantes que je n'avais jamais vues auparavant et avec lesquelles je ne m'étais jamais entretenu.

Et pourtant, j'avais cru comprendre que vous teniez à être, personnellement, présent à ces auditions. En effet, le vendredi 22 janvier 2010, vous m'expliquiez :

« Cher Monsieur,

Je me permets de revenir vers vous dans ce dossier faisant suite à notre conversation téléphonique de ce jour et à vos différents mails.

Je vous confirme que le Magistrat Instructeur a annulé votre audition à ma demande puisque je suis dans l'obligation d'assurer la défense d'un accusé devant la Cour d'Assises de Créteil.

Cela aura l'avantage de me permettre de prendre pleine connaissance de votre dossier.

Je ne manquerai pas de revenir vers vous.

Je vous prie de croire, Cher Monsieur, en l'assurance de mes meilleurs sentiments. »

Ce vendredi 22 janvier 2010, vous annuliez donc ce premier rendez-vous qui m'avait été fixé, au lundi suivant, par la première juge d'instruction. Vous l'annuliez sans mon accord. Pourtant la veille, je m'étais permis de vous rappeler cette échéance importante. Je m'étais même proposé de *« vous transporter jusqu'au lieu du rendez-vous. »* Vous ne connaissiez pas bien, encore, le dossier mais, j'avais confiance en votre expérience qui, conjuguée à ma maîtrise des faits, nous aurait permis de nous rendre à cette audition. Comme, je vous l'avais indiqué, celle-ci était *« vitale pour moi ».* Sur le moment, je ne vous ai pas caché ma déception suite à votre initiative, unilatérale. Mais, après réflexion, je ne pouvais vous en vouloir. Votre argument était pertinent. Vous teniez à m'accompagner, personnellement, devant le magistrat instructeur. Et, comme vous le précisiez très justement, ce délai supplémentaire vous donnait la possibilité de *« prendre pleine connaissance »* du dossier.

Cela me rassurait. Je n'avais donc plus qu'à patienter en attendant une nouvelle date.

Accessoirement, cette audition avait donc été annulée mais, le chèque de 600 euros, lui, a été encaissé alors qu'il était destiné à couvrir les frais de votre déplacement à cette audition. Cependant, il n'y a pas lieu de se focaliser sur ce détail insignifiant.

Car, le plus préoccupant à mon sens, c'est que par la suite, curieusement, je ne vous ai plus jamais revu. Sauf sur mon écran de télévision, bien entendu. Volatilisé ? Un leurre ? Un mirage ? De l'antimatière ?

Pis encore, je n'ai pu accéder aux éléments du dossier pénal qu'au mois de septembre 2011 alors que vous aviez décroché l'affaire depuis notre première rencontre à Marseille en date du jeudi 14 janvier 2010. Vous avez mis plus d'un an et demi avant de pouvoir récupérer le dossier auprès de la juridiction. Inconcevable eu égard à vos « deux ailes » que vous savez parfaitement, vigoureusement, efficacement, déployer lorsque vous le voulez bien.

En compagnie de vos deux charmantes assistantes, je me suis donc rendu aux deux seules et courtes auditions accordées sans avoir, au préalable, pris connaissance des éléments contenus dans le dossier pénal. Des auditions à l'aveugle.

Je n'ai jamais pu, non plus, échanger avec vous sur les éléments du dossier.

Il est vrai que votre prédécesseur, lui aussi, avait coupé court à ma demande : *« Je ne vais pas reprendre toute la procédure avec vous. Je n'ai pas le temps. »*, me rétorquait-il.

Je n'aurai jamais pensé devoir lutter, un jour, contre mes propres avocats. Car, lorsqu'on frappe à la porte des femmes et des hommes de Droit, on vient chercher de l'aide. Celle d'une personne humaine qui prétend être un auxiliaire de justice et, qui le revendique avec force. On vient débusquer un spécialiste du domaine. Un tuteur, un guide, un commis-voyageur qui connaît bien le chemin à emprunter au sein de cette respectable institution fondamentale de la République Française. Mais, dans mon cas, et jusqu'à un certain temps, la récolte semblait bien maigre.

Et, au lieu d'interjeter appel contre cette *« ordonnance de refus de mesure d'instruction complémentaire »* que je vous avais transmise, vous décidiez plusieurs jours après, le 06 mars 2012, à 13 : 13, de me « renvoyer la balle » en m'écrivant en retour :

« Cher Monsieur,

J'ai l'honneur de revenir vers vous dans ce dossier et vous prie de trouver ci-joint l'ordonnance de refus de mesure d'instruction complémentaire que vient de rendre le magistrat instructeur le 27 février.

Je reste attentif à vos observations qui demeureront relativement succinctes au regard de la motivation que vous avez déjà développées dans les demandes d'actes que nous avons déposées.

Pour autant les trois phrases sur lesquelles le magistrat instructeur écarte d'un revers de manche vos légitimes demandes méritent d'être commentées dans le cadre de l'appel qu'il convient de déposer.

Pour gagner du temps, je vous propose si vous n'y voyer pas d'inconvénient de solliciter Maître (…) [mon quatrième avocat chargé du dossier auprès de la cour administrative d'appel] *afin qu'il dépose l'acte d'appel directement au greffe. »*

Vous me demandiez donc de « *commenter* » la motivation du magistrat instructeur qui semblait plutôt vous cibler : « *les avocats des parties ont eu l'occasion de poser les questions qui leur apparaissaient utiles. »*... J'aurais dû, peut-être, rappeler à ce magistrat cette unique intervention, très efficace d'ailleurs, de votre assistante lors de la deuxième audition qui s'était tenue cet après-midi du vendredi 01 juillet 2011 :

« Excusez-moi Madame la juge mais, j'ai mon train à 17h37 ! »

Votre assistante, auteure de cette phrase, s'était présentée à l'audition avec juste son petit sac à main. Aucune pièce en vue ! Et, comme vous le savez, elle a même quitté le bureau de la juge d'instruction avant la fin de cette audition.

Vous me demandiez aussi de *« solliciter »* mon autre avocat *« afin qu'il dépose l'acte d'appel directement au greffe. »* Comme vous le savez aussi, mon autre avocat (le quatrième) n'était en charge que du dossier enregistré auprès de la cour administrative d'appel. Qui va payer mon autre avocat suite à l'accomplissement de l'acte que vous sembliez vouloir lui déléguer ? Aviez-vous prévu de ponctionner parmi les 8400 euros que vous avez encaissés dès 2010, à l'avance ?

À quoi servez-vous alors ?

Ledit « *acte d'appel* » a été déposé directement au greffe de la juridiction par mes soins.

Et, vous persistiez dans votre attitude.

Ce même 06 mars 2012, à 13 : 15, soit deux minutes après votre premier message, vous me demandiez, cette fois, de répondre au réquisitoire du procureur de la République :

« Cher Monsieur,

J'ai l'honneur de revenir vers vous dans ce dossier et vous prie de trouver ci-joint la reproduction du réquisitoire définitif (…) pris par le Parquet le 24 février et adressé par le magistrat instructeur par lettre du 28.

Je me tiens comme à l'accoutumée à votre disposition pour transmettre vos observations au magistrat instructeur. »

Quand comptiez-vous m'embaucher, officiellement, Cher Maître ?

Face à mes interrogations exprimées en contemplation de ce que vous qualifiez de « *comme à l'accoutumée* », et suite à mon insistant souhait de vouloir m'entretenir avec vous, le mardi 13 mars 2012, votre collaborateur, qui semblait suivre le dossier en binôme avec vous, me répondit avec une certaine élégance :

« Cher Monsieur,

En ce qui concerne notre rendez-vous j'ai souhaité recueillir vos observations sur le réquisitoire de Monsieur le Procureur de la République afin d'optimiser votre temps et le mien. »

J'aurais bien aimé, moi aussi, optimiser mon porte-monnaie et surtout, ma défense auprès de la juridiction !

Vous vous contentiez de me transmettre les rares correspondances que la juridiction vous adressait ; et d'envoyer à celle-ci les écritures que vous me réclamiez. De quel jeu s'agirait-il ?

Celui du facteur ? Cela rendrait excessif le prix de la boîte aux lettres !

Comme diraient certains : Vous me prenez pour un pigeon ou quoi ?

Je me souviens aussi d'une autre anecdote. À force de courir après vous, et au vu de mes nombreuses et vaines tentatives, votre secrétariat a fini par me proposer un rendez-vous téléphonique, d'une demi-heure me précisait-on d'avance, avec votre collaborateur. Celui qui semblait suivre le dossier, en binôme avec vous, et qui ne s'est jamais déplacé non plus. Je devais le rappeler le lundi 25 octobre 2010 à 15h00. Ce que je fis. Je le rappelai donc à la date et heure fixées. Mais, surprise ! Votre collaborateur était absent ! On aurait dit qu'il m'avait « posé un lapin ».

Comment expliquer votre absence de réaction suite notamment à l'inscription de ma situation, et à deux reprises, dans le registre des dangers graves et imminents par le Comité d'Hygiène, de Sécurité et des Conditions de Travail (CHSCT) ?

Comptiez-vous plaider sur mon cadavre ?

Le 23 janvier 2012, alors qu'il n'était en charge que du dossier auprès de la cour administrative d'appel, mon autre avocat (le quatrième) s'est trouvé contraint d'intervenir auprès de Madame le procureur de la République. Je vous retranscris quelques extraits de ce courrier que je n'ai pas manqué de vous adresser :

« Madame le Procureur de la République,

(…)

Monsieur Amine UMLIL vous a adressé, en date du 22 décembre 2011, un courrier dénonçant de nouveaux faits de harcèlement et discrimination dont il est victime (…)

Mon client se trouve dans une détresse morale croissante et sa situation qui dure désormais depuis de longues années, affecte également son entourage proche (…) La gravité de la situation, son lien avec les conditions de travail de Monsieur Amine UMLIL, son impact sur la santé de l'intéressé et l'urgence d'y remédier résulte de manière extrêmement nette d'un rapport établi par le Docteur (…), qui est l'Expert le plus reconnu à ANGERS et même au-delà. Or malgré tous ces éléments, le dossier de mon client n'avance pas. (…)

Si la lenteur de la justice administrative est chronique, l'inertie dont fait preuve la justice pénale à l'égard de la victime UMLIL est profondément préoccupante. Compte tenu de la nature des faits et des spécificités de cette affaire, il ne m'apparaît pas que Monsieur UMLIL bénéficie actuellement, dans le traitement de son dossier, du standard approprié à une société démocratique que la France doit garantir à ses citoyens et dont vous êtes, au cas particulier, l'un des acteurs.

Vous avez la possibilité, eu égard aux prérogatives que la Loi vous confère, de porter secours à Monsieur UMLIL, en le soutenant dans sa démarche judiciaire, en qualité de victime et en appuyant activement la recherche de la vérité. (…) »

Ne vous appartenait-il pas d'effectuer, vous-même, une telle intervention ? À tout le moins de l'appuyer ?

Parallèlement, concomitamment, et à distance, j'admirais votre engagement, sans failles, auprès de vos autres clients. Je pense en particulier à Fabien, le syndicaliste adhérent au Front. Il fut rapidement, publiquement, et *« gracieusement »* défendu par votre bienveillance. Il a eu le droit à une longue conférence de presse. Vous étiez assis à sa gauche pendant que son autre avocat, numéro deux du Front, prenait place à sa droite. Il était bien entouré. Un vrai soutien pour Fabien.

Alors pourquoi Amine mériterait-il moins d'attention que Fabien ?

Je pense aussi à votre redoutable efficacité, médiatique en tout cas, dans l'affaire impliquant un secrétaire d'État et Maire. Celle concernant des incidents qui seraient survenus dans le cadre de séances de *« réflexologie plantaire »*…

Le lundi 30 mai 2011, je vous ai exprimé mon étonnement devant un tel paradoxe en vous précisant notamment : *« Vous savez faire pour « secouer le cocotier » quand vous le voulez bien ! »*

Le vendredi 17 juin 2011, je vous relançai en vous exprimant l'étonnement de certains de mes collègues qui me questionnaient : *« Que fait ton avocat ? On le voit partout sauf pour ton affaire »*... Le jour même, vous m'adressiez simplement :

« Merci de REPONDRE a vos collègues que l on fait avancer le dossier ! j'ai pris bonne note de toutes vos remarques. A TRES bientôt. »

Cher Maître, Monsieur le Député, souvenez-vous de notre échange de ce samedi 14 mai 2011 ! Le matin, je me suis rendu au marché de la ville de Cholet. Au « souk » pour acheter quelques fruits et légumes. Le « souk » est le lieu de toutes les rencontres. Notre Député-Maire s'y rend d'ailleurs souvent pour aller à la rencontre des choletais. Pour leur serrer la main. Ce samedi matin, je croisai une connaissance. Instantanément, cette personne m'interpella en ces termes :

« Tu es au courant ? Ton avocat a rejoint le Front (...) » !

Etonné, je lui demandai ses sources.

« *C'est dans la presse* », me rétorqua cette personne qui me fit remarquer en ajoutant :

« *Ce n'est pas un bon signe pour toi* » !

À 12 : 43, après vérification, je vous écrivis :

« *Maître,*

Je viens d'apprendre votre rapprochement du Front (…) (plusieurs articles de presse).

Existerait-il un lien entre votre rapprochement du Front (…), que je respecte, et votre silence et inertie dans mon dossier ?

Pourtant, mon dossier montre, sur pièces, que les valeurs inscrites sur les frontons des respectables institutions de la République sont contredites par certains représentants de ces mêmes institutions. Ce qui en principe, aurait dû vous faire réagir (notre première et seule rencontre date de janvier 2010. Depuis, plus rien).

Je ne peux vous joindre par téléphone. J'ai laissé des messages téléphoniques, adressé des e-mails, envoyé des fax, (…) etc., en vain. »

Quelques minutes plus tard, à 13 : 07, avec une étonnante et inhabituelle rapidité, vous vous manifestiez, enfin :

« *Cher docteur je suis a votre disposition, voici mon portable pour que vous puissiez me joindre lundi au 06 (…) si je ne réponds pas envoyez moi un texto pour que je vous rappelle. Je ne comprends en quoi mon soutien a marine ... peut avoir un rapport avec votre affaire ? Bien a vous. »*

Quelques minutes plus tard, à 13 : 35, vous me relanciez :

« Je ne sais si vous avez RECU mon mail voici mon portable 06 (...) vous pouvez me joindre lundi si je ne réponds pas envoyé un texto pour être rappelé

Bien a vous »

À 15 : 20, je vous répondis :

« Bien reçu. Merci.

En attendant lundi, je vous soumets quelques interrogations :

– En lisant notamment le Figaro du 11/05/2011 [vous attribuant les propos suivants] : **« La préférence nationale revient à favoriser un Français d'origine tunisienne par rapport à un Tunisien d'origine tunisienne »**, *je me suis interrogé, certes par extrapolation : Cette préférence nationale ne reviendrait-elle pas, aussi, à favoriser un Français d'origine française par rapport à un Français d'origine tunisienne ?*

Dans « mon » dossier, la partie adverse est composée de quelques personnes qui sembleraient être « Françaises d'origine française » ; « bien françaises » selon l'expression habituelle. Moi, je suis Français d'origine marocaine. Alors à tort ou à raison, eu égard notamment à votre silence dans « mon » affaire, je me suis interrogé :

— Quelle place occuperais-je dans cette échelle de préférence nationale ?

— Cette place conditionnerait-elle votre investissement dans « mon » dossier ? Et expliquerait-elle ainsi votre inertie ?

Lors de notre rencontre à Marseille durant laquelle j'étais assis loin de vous (à quelques mètres de votre bureau), vous m'avez assuré de votre total investissement dans « mon » affaire. Vous m'avez demandé de payer à l'avance ; je l'ai fait.

Alors pourquoi ce silence, cette inertie dans « mon » affaire ? (malgré les nombreuses preuves les mieux établies, indépendantes et règlementaires, en tout premier lieu : des pièces et témoignages prouvant des faits de harcèlement moral ; de dénonciations calomnieuses ; de discrimination raciale (incident du guichet) ; … etc.)

Vous savez pourtant que je souffre (depuis au moins 2005), ainsi que ma famille (par procuration), quotidiennement. Compter-vous plaider sur mon cadavre ?

Monsieur Papon, lui, a eu le droit à une protection fonctionnelle.

A lundi,

Bien à vous. »

À 17 : 15, vous me répondiez :

« Pour REPONDRE a votre question ma réponse est non, un français est un français quelle que soit son origine, sa couleur, sa religion, c est cela l égalité républicaine. »

À 18 : 01, je clôturai notre échange de ce samedi 14 mai 2011 par ceci :

« Votre définition de l'égalité républicaine me rassure.

Alors pourquoi « mon » dossier mériterait-il moins d'attention que celui de Monsieur Fabien (...) [le syndicaliste adhérent au Front (...)] défendu, rapidement, publiquement (une longue conférence de presse) et gracieusement (...) ? »

Suite à mes interrogations suscitées par votre nouvelle couleur et/ou odeur politique, et de vive voix, vous avez su me rassurer dès le lundi qui a suivi cet échange. Vous êtes allé même jusqu'à me proposer l'aide de Marine, la nouvelle présidente du Front. Une aide qui ne s'est jamais concrétisée, non plus.

Comme vous le savez, malgré votre position de président du comité de soutien du Front, j'ai continué à croire en l'avocat que vous êtes. Je me suis forcé à opérer une distinction, une frontière, entre l'homme politique et l'avocat. La voix de la raison tentait de m'en persuader : *« Tu ne dois le voir que comme ton avocat pénaliste ; tu dois ignorer son engagement politique. »*

La voix du cœur, elle, essayait de me convaincre et de m'alerter :

« Oh, réfléchis un peu ! Comment, toi le « maghrébin », pourrais-tu espérer être, normalement, défendu par un avocat qui, désormais, soutient les thèses du Front ? »

Ces deux résonnances intérieures généraient un dilemme permanent, une incompatibilité, que j'ai tenté de gérer au quotidien, non sans difficultés, face à votre incompréhensible silence, à votre inhabituelle inertie et, au regard du nombre et de la consistance des « biscuits », bien mûrs, figurant au dossier.

À cette période, eu égard notamment à mes conditions de vie au travail et n'étant porteur d'aucune étiquette politique et/ou syndicale, mon raisonnement m'amenait à me poser quelques questions : *a priori*, pourrait-on douter de la bonne foi de cette nouvelle présidente ? Et, pourtant, je suis loin de partager toutes ses idées. J'entendais déjà murmurer : *« Amine a perdu la tête »* ! Mais, je dois avouer que ma longue et interminable immersion dans le système d'erreurs latent, dénoncé par Marine, elle aussi avocate, me rendait moins réfractaire à écouter ce que cette nouvelle présidente avait à nous dire. Après tout, elle n'avait jamais été en position de développer l'argumentaire qui fonde ses décisions. À cette époque et depuis son investiture, Marine, à laquelle vous avez *« déclaré votre flamme »*, semblait tenir publiquement un discours plutôt Républicain. Pendant que d'autres tentaient de copier le traditionnel discours de son parti, elle semblait vouloir occuper le vide Républicain laissé. Ils ont tenté de prendre sa place, elle a semblé vouloir prendre la leur. Dans l'isolement de Marine, je voyais ma propre et chronique solitude.

Je ne pense pas me tromper beaucoup en affirmant, par ailleurs, que les traditionnels discours de votre parti ont heurté, choqué et blessé de nombreux citoyens notamment français. Mais, je serais tenté de poser la question suivante :

Entre un parti qui vous dirait ouvertement, sans détour et de façon constante : *« On ne vous aime pas ; vous êtes indésirables chez nous »* et, un système dont certains représentants des institutions de la République vous diraient la même chose mais à mots couverts, par des actes pervers et sournois, à chaque fois que vous tentez d'actionner les valeurs inscrites sur les frontons de ces institutions pour réclamer vos droits fondamentaux ; lequel choisir ?

Les coups et blessures portés, de face, par un adversaire déclaré et visible, ne seraient-ils pas moins douloureux que cette violence invisible, latente, perverse, sournoise, structurelle et sponsorisée ? Que la lâcheté et la trahison ? Que la médiocrité combinée à l'hypocrisie ? À vrai dire, et suite à mon expérience que vous connaissez bien, je ne perçois plus d'énormes différences entre le discours du Front et les actes de certains représentants des institutions fondamentales de l'État. De toute façon, à chaque période d'élection notamment présidentielle, je me sens insulté. On me rappelle que je viens d'ailleurs.

Je veux dire par là que les impostures, infiltrant et souillant les institutions de la République Française, n'ont fait qu'exacerber mon besoin urgent de salubrité publique. À cette époque, Marine n'avait jamais été en position de démontrer l'adéquation de ses actes à son discours et pour cela, elle pouvait prétendre au bénéfice du doute. Mais, dans mon esprit, deux questions fondamentales restaient toujours en suspens, comme une veilleuse : le discours de Marine est-il sincère ou ne serait-il que l'expression d'une fine, voire une sournoise, stratégie de communication au service d'un « réarrangement cosmétique » de l'image de votre parti politique ? Et puis, Marine pourrait-elle prétendre œuvrer seule en risquant de provoquer une rupture brutale avec la traditionnelle idéologie de votre parti ?

Je vous ai donc accordé le bénéfice du doute. Je n'ai pas suivi Saint Exupéry qui tentait, lui aussi, de me rappeler qu'*« on ne voit bien qu'avec le cœur »* et que *« l'essentiel est invisible pour les yeux. »* D'autant plus que vous m'aviez bien fixé, ficelé, scotché, muselé en exigeant d'être payé à l'avance.

Mais, progressivement, le doute commençait à s'accentuer. Il envahissait le vide dans lequel j'étais plongé. Toujours rien à l'horizon. Je ne vous voyais pas voler à mon secours avec vos « deux ailes ».

Par contre, vous trouviez le temps d'alimenter votre blog. Votre encre Bleu-Marine s'affirmait au fil des semaines.

Lundi 11 juillet 2011, je décidai de vous écrire :

« Bonsoir Maître,

En lisant votre dernier article **« Le train, les fruits et les voleurs »**, *publié sur votre blog (hier 10 juillet 2011), je me suis posé certaines questions :*

— Pourquoi avoir choisi l'exemple de **« <u>Kader</u> qui a <u>volé</u> six melons et deux salades dans une <u>poubelle</u> pour agrémenter l'ordinaire de ses <u>six</u> enfants »** *?*

— Pourriez-vous publier un article, avec la même virulence et les mêmes « citations imagées », qui serait intitulé : **« L'hôpital, les patients et les délinquants en blouses blanches »** *en présentant le comportement du Docteur « Rachid » comme conforme aux lois de la République ?*

— Avez-vous déjà défendu <u>publiquement</u> et avec <u>autant d'ardeur</u> un « Rachid » (avec un long C.V.) dans la <u>condition</u>

suivante : *il est partie civile et, ses adversaires sont « Paul », « François », « Marine », « Cécile », ... ?*

Merci pour vos réponses. »

Le jeudi 17 novembre 2011, je vous écrivis à nouveau :

« Maître,

Bonjour,

S.V.P., pourrais-je avoir des nouvelles de votre décision / action dans notre affaire ?

Merci. »

N'ayant toujours aucune nouvelle, je vous relançai le lundi suivant :

« N'ayant pas reçu de réponse de votre part, je me permets de vous relancer, eu égard à l'échéance qui s'approche. »

J'étais notamment dans l'attente de découvrir le mémoire que vous étiez censé rédiger. Un mémoire que vous vouliez produire dans cette affaire.

Le lendemain, je vous relançai, à nouveau :

« Maître,

Quand comptez-vous faire quelque chose dans ce dossier ? (que vous gérez depuis janvier 2010). Ça fera bientôt 2 ans !

(Si vous avez décidé de ne pas (plus) me défendre : c'est l'hypothèse que je me pose face à votre silence. Alors, si tel est le cas, dites-le moi clairement).

Merci pour votre réponse. »

Le jeudi 24 novembre 2011, je me résolus à vous écrire :

« Je ne vais pas vous supplier éternellement.

Votre secrétaire devait, elle aussi, me rappeler hier. Aucune nouvelle non plus.

J'ai aussi tenté de vous joindre sur votre numéro de portable que vous m'aviez communiqué. Ce numéro ne prend plus les appels (le mien en tout cas).

Je vis entre pièces et souffrance. Mais, mon encre serait invisible. Ma voix inaudible. Tromperie ? Manque de considération ? Mépris ? Sadisme latent ? … ?

Je me repose, à nouveau, cette question : pourriez-vous défendre quelqu'un comme moi tout en étant le président du comité de soutien du Front (…) ?

Je sais maintenant ce qu'il me reste à faire. »

Et, là, encore une fois, soudainement, vous me répondiez le jour même avec une surprenante rapidité :

« Cher monsieur,

Je prends connaissance de votre mail. Je n'écouté pas les messages sur mon portable. Je suis désolé que la secrétaire ne vous ait pas rappelé, mais de là, une fois de plus, me reprocher de PRESIDER le comite de soutien devient insultant, surtout de la part d'un homme que je respecte. tout est fait dans votre dossier. Tout le monde se bat pour vous ! Courage ! »

Sans doute, n'aurions-nous pas la même définition du mot « respect ».

Comme vous avez pu le vérifier à plusieurs reprises, mes décisions sont toujours basées sur des éléments factuels, rationnels et, vérifiables. Et, c'est la même démarche qui m'a contraint à vous dessaisir du dossier. Je vous attendais comme le Messie mais, je ne vous ai pas vu venir à mon secours avec vos deux « ailes ». À Amine, il ne manque pourtant que l'« r » de Marine !

Pourtant, dans votre livre, vous soutenez : *« j'ai dit à la radio qu'il était le Zorro du zozotage »* ou encore : *« Quand on est avocat général, on ne met pas un nez rouge sur la robe rouge »*. Ledit *« nez rouge »* serait-il plus joli sur une « robe noire » ou « une blouse blanche » ? Et quid du « nez bleu-marine » ?

Aurais-je dû solliciter, et dès le début, les diligences des avocats marocains ? Aurais-je étais mieux défendu ? Plus considéré ? Davantage respecté ? Dans ce sens, certains n'auraient pas hésité à crier au *« communautarisme »*…

Je pourrais vous citer toutes les autres relances que je n'ai cessé de vous adresser comme celle du mardi 27 décembre 2011 :

« Bonjour,

L'échéance arrive bientôt à son terme.

Je suis toujours dans l'attente de vos nouvelles.

Je vous renouvelle également ma demande de vouloir m'entretenir avec vous.

Merci. »

Au lieu de vous manifester, rapidement, comme vous le faisiez dès que je prononçais le mot « Front », vous avez préféré me répondre en m'orientant vers votre (vos) secrétaire(s) avec des messages du type :

« Merci de contacter [l'adresse e-mail de mon secrétariat] »

D'ailleurs, je n'ai pas manqué de vous répondre en retour :

« Je l'avais déjà fait (...) depuis la semaine dernière notamment par téléphone. En vain.

C'est moi qui rédige, relance, appelle, (...) Depuis 2 ans, je n'ai jamais pu échanger avec vous sur les éléments de mon dossier (...) trouvez-vous cela normal ?

J'ai le sentiment qu'on veut « mettre mon dossier par terre »...

Etes-vous avec eux ou avec moi ? »

Cher Maître, Monsieur le Député, oui, je pourrais vous citer de nombreux autres exemples. Mais, je vous ai promis d'être bref.

Je me souviens de notre premier rendez-vous du jeudi 14 janvier 2010 dans votre cabinet à Marseille. J'étais impatient de vous rencontrer. J'avais placé beaucoup d'espoir en vous. Il faut dire que votre réaction à ma sollicitation fut extrêmement rapide. Jeudi 31 décembre 2009, à 01 : 24, je vous sollicitais. Le jour même à 17 : 05, vous me répondiez :

« Cher Monsieur,

J'ai bien reçu votre message et vous en remercie

Il serait utile, si vous souhaitez que je puisse vous aider, de prendre un rendez-vous

Merci d'appeler à mon cabinet au (...) afin de l'organiser

Bien à vous »

Je me souviens très bien de l'ambiance de ce jeudi 14 janvier 2010. Après plusieurs minutes de retard, vous me faites entrer, avec mes deux valises de pièces, dans votre immense bureau. Vous m'invitez à m'asseoir sur une chaise située à proximité de la porte, à plusieurs mètres de votre table de bureau. Heureusement que j'ai la voix qui porte. Il faudrait presque un micro pour pouvoir s'entendre. Car une fois assis, la distance de la ligne droite, ou plutôt du segment, séparant nos postérieurs respectifs est relativement significative. Pourtant, deux chaises vides à proximité immédiate de votre table de bureau me toisent. Deux chaises réservées sans doute à vos clients « normaux » comme le syndicaliste adhérent au Front ou, les dames de l'affaire concernant les séances de *« réflexologie plantaire »*. Sur le coup, je tente de trouver une explication qui pourrait justifier l'emplacement que vous venez de me réserver. Pour comprendre le sens donné à cette distance qui nous sépare. Déjà. Je me demande si vous êtes effrayé par le contenu des deux valises qui m'accompagnent depuis l'aube, dès ma montée dans le train. Après tout, vous êtes une *« star »*. Je vous avais pourtant prévenu de la lourdeur du dossier et du fait qu'il contenait plus de cinq cents pièces dont certaines vous sont rappelées sur mon propre blog appelé : *Analyse citoyenne indépendante*. N'hésitez pas à le consulter, à nouveau, à l'adresse : *http://analysecitoyenneindependante.blogspot.fr*. Et, en particulier l'article intitulé : « Le rationnel du blog : qui suis-je et pourquoi ce blog ? »

Lors de cette première rencontre, vous avez mis un moment avant de réaliser ma position de partie civile. Mais, vous vous êtes excusé. Sans doute, aviez-vous déjà défendu un « maghrébin ». Mais, un « maghrébin », partie civile contre une partie adverse « bien du coin » ?

Vous m'avez demandé de payer à l'avance. C'est quasiment le seul point qui a été abordé lors de ce rendez-vous, souvent interrompu par votre secrétaire. Notre échange n'a duré qu'une vingtaine de minutes. Moins d'une demi-heure alors que je venais pourtant de traverser la France d'Ouest en Est en direction de Marseille. Cela fait cher la minute ! Mis au pied du mur, au fond du trou, je n'avais guère le choix. Un ténor du barreau qui accepte de me défendre ! Cela ne se refuse pas. J'avais donc accepté de vous payer à l'avance. Devant la somme demandée, sans doute une miette pour vous, votre générosité m'a, tout de même, accordé le bénéfice de pouvoir m'en acquitter en six mois. Dès mon retour à Cholet le lendemain, je vous ai donc adressé les sept chèques : six chèques de 1300 euros chacun et, un chèque de 600 euros destiné à couvrir les frais inhérents à votre déplacement prévu dans le cadre de mon audition fixée au lundi 25 janvier 2010 à 10h00 par la première juge d'instruction. Celle que vous avez annulée. Au montant du forfait que vous m'avez consenti, je devais prévoir d'autres euros destinés à prendre en charge vos frais de déplacement, d'hôtel, de restaurant. Des euros à payer à l'avance, bien sûr. Mais, j'étais loin d'imaginer la suite.

Plus de deux années après cette première rencontre, le mardi 20 mars 2012, la veille de votre consécration, je vous adressai une nouvelle ordonnance datée, cette fois du 16 mars 2012. Elle était rendue par le Président de la chambre de l'instruction. Elle me faisait connaître la décision concernant mon acte d'appel interjeté contre l'« *ordonnance de refus de mesure d'instruction complémentaire* » rendue par la troisième juge d'instruction le 27 février 2012. Il s'agissait d'un nouveau refus : la chambre de l'instruction ne sera pas saisie par son Président. Dans ma correspondance, je vous indiquais notamment : « *Et vous, vous contemplez l'inacceptable depuis plus de deux ans…* ».

Ce même 20 mars 2012, je me suis donc trouvé dans l'obligation de vous dessaisir du dossier. Et, de façon urgente afin de limiter la casse. Du « sauve qui peut ». Ce jour, avec une lancinante mélodie, et de façon harmonieuse, les voix de la raison et du cœur sont entrées en résonance pour me dicter en chœur ces quelques lignes que je vous ai adressées par lettre recommandée avec avis de réception :

« *Maître,*

Lors de notre premier rendez-vous dans votre cabinet à Marseille, vous aviez exigé à ce que je vous paie à l'avance. Ce que j'ai fait. Et, je n'ose même pas retranscrire dans ce courrier le montant que je vous ai versé, à l'avance.

Plus de deux années après, je constate que vous n'avez rien fait pour me défendre efficacement. Et, cela malgré mes relances. Je ne peux que contempler ma déception eu égard à la confiance que je vous ai accordée.

A ce jour, je n'ai toujours pas compris les raisons de votre silence. Pourtant, le dossier comporte de nombreuses preuves matérielles.

Au-delà du préjudice financier que j'ai subi, votre inertie semble porter également atteinte à la défense de mes intérêts. Je ne peux que déplorer une telle situation.

C'est alors avec un profond regret que je me vois contraint de vous demander de bien vouloir me restituer mon dossier dans les plus brefs délais. Ainsi que les honoraires versés.

Je n'exclus pas une éventuelle saisine du bâtonnier.

Dans l'attente de votre réponse,

Je vous prie de bien vouloir recevoir, Maître, l'expression de mes salutations distinguées. »

Et avec un impressionnant sang-froid, et sans gêne aucune, dans votre lettre de réponse datée du 26 mars 2012, vous osiez m'expliquer :

« *Cher Monsieur,*

Croyez bien que je suis désolé que le Président de la chambre de l'instruction ait décidé de rejeter l'appel du refus des demandes d'actes que nous avons présentées en magistrat instructeur.

Je vous confirme que le code procédure pénale prévoit expressément cette possibilité il en est notamment ainsi lorsque l'appel est effectué sans motivation au regard de celle dont peut se prévaloir le magistrat instructeur dans sa décision. »

On dirait le monde à l'envers ! Encore une fois, ne vous appartenait-il pas d'« *effectuer* », vous-même, une telle motivation en votre qualité de mon avocat pénaliste que j'avais payé à l'avance ? Et de répondre à l'argument du magistrat qui semblait vous cibler :

« *Les avocats des parties ont eu l'occasion de poser les questions qui leur apparaissaient utiles.* »

Comment expliquer le fait que vous n'avez jamais demandé le moindre acte d'instruction lorsque celle-ci était encore ouverte ?

Lors de notre première rencontre à Marseille, ne m'avez-vous pas fait signer, je pourrais dire les « yeux fermés », la convention que vous m'aviez proposée ? Pourquoi ne pas relire son *« article 1 »*. Ce dernier stipule :

« *Mission de l'Avocat : Il s'agit d'une mission de conseil, d'assistance, et de représentation. L'avocat s'engage à procéder à toutes les diligences, à mettre en œuvre tous les moyens de droit et de procédures pour garantir les intérêts du client et lui assurer les meilleures chances de succès. »*

Et, sans ambiguïté, l'*« article 2 »* de la même convention précisait que c'est *« en contre partie de son intervention »* que *« l'avocat percevra des honoraires ».*

Je ne peux donc que m'interroger également sur la suite de votre raisonnement que vous m'adressiez dans cette même réponse en date du 26 mars 2012. En effet, et de façon surprenante, vous m'expliquiez :

« Vous me dessaisissez de votre dossier au moment le plus important.

L'honoraire forfaitaire que vous aviez versé dans le cadre de la convention d'honoraire que nous avions signé et qui n'a plus vocation à s'appliquer au regard de mon dessaisissement ne couvre pas l'honoraire qui m'est finalement du au regard de l'état des diligences que j'ai établi. »

Mais, Cher Maître, vous sembliez oublier un détail. La rupture de la convention signée ne pouvait s'imputer qu'à vous-même. À moins de considérer que je devrais continuer à observer, passivement, le plombage du dossier. Celui que j'avais sérieusement construit, et avec rigueur, tout au long de ces années.

Face à cette invraisemblable réponse que vous osiez m'adresser, je n'eus d'autres choix que de vous écrire à nouveau le 05 avril 2012. Dans ma nouvelle lettre recommandée avec avis de réception, je vous réclamai :

« *Maître,*

Faisant suite à votre courrier daté du 26 mars dernier, je vous demande de bien vouloir me communiquer les éléments suivants : l'état détaillant vos diligences ; le compte définitif. »

Par courrier en date du 16 avril 2012, vous me transmettiez donc « *l'état de frais* » que vous avez « *établi au regard des diligences qui ont été accomplies dans* » mon « *dossier* », selon vous. Je vous propose une reproduction de ce document :

« ETAT DE FRAIS

Dossier n°(…)

Affaire : (…)

Taux horaire Me [vous Cher Maître] :	**500€ HT**
Taux horaire des Associés :	**400€ HT**
Taux Horaire Collaborateur :	**250€ HT**
Taux horaire déplacement :	**80€**

Période du 14 janvier 2010 au 22 mars 2012

I. <u>DEBOURS ET FRAIS DE DOSSIER</u>

➢ Correspondances (38 x 9 euros)   *342€*
➢ Téléphones et fax   **100€**

II. <u>HONORAIRES</u>

✓ **Analyse des pièces et étude du dossier adressé par le client,**

✓ **Etude de la procédure transmise par le magistrat instructeur**

✓ **Etude des nombreux mails du client**

✓ **Demande d'acte et mémoire transmis au magistrat instructeur**

✓ **Rendez-vous physique et rendez-vous téléphonique**

- Maître [vous]

  5 heures   2.500€

- Maître [votre collaborateur qui semblait suivre le dossier en binôme avec vous et qui ne n'est jamais déplacé non plus]

  5 heures   1.250€

✓ **Interrogatoire du 17 avril 2010 à 10H Maître [votre première assistante]**

Maître [votre première assistante] a été dans l'obligation de partir la veille de l'interrogatoire

- Honoraires pour assistance à l'interrogatoire : **600€**
- Frais de déplacements : Train, Hôtel, Repas : **550€**
- Temps d'indisponibilité lors dudit déplacement : 15H

  1200€

✓ **Confrontation du 1er juillet 2011 à 14H [votre deuxième assistante]**

- Honoraires pour assistance à la confrontation : **700€**
- Frais de déplacements : Train, Repas :   **400€**
- Temps d'indisponibilité lors dudit déplacement : 12H

  960€

TOTAL HT	**8602€**
T.V.A 19,60€	**1686€**

TOTAL T.T.C   **10288€**

SOMMES VERSEES PAR LE CLIENT   **8400€**

SOMMES DUES PAR LE CLIENT   **1888€** »

Ce document « *ETAT DE FRAIS* » appelle de ma part quelques observations et rectifications, non exhaustives.

Sauf erreur de ma part qu'il conviendrait alors d'excuser, vous tentez de répartir, autant que ce peut, et sans aucun justificatif, les 8400 euros que vous avez encaissés, à l'avance. Et, en plus, je devrais vous verser encore « *1888€* »…

De mes relances, vous faites une ligne d'honoraires que vous appelez : « *Etude des nombreux mails du client* » !

Concernant vos deux charmantes assistantes qui ont juste fait acte de présence lors des deux brèves auditions, vous comptez d'abord « *600€* » pour « *assistance à l'interrogatoire* ». Or, cette première audition n'a duré que deux heures. Ce qui me permet de dire que vous avez retenu 300 euros par heure. Un tel tarif ne correspond à aucun des « *taux horaire* » que vous avez définis dans ce document que vous me présentez.

Ensuite, vous comptez « *700€* » pour « *assistance à la confrontation* » à laquelle avait participé votre deuxième assistante au petit sac à main. Celle qui a quitté le bureau du juge d'instruction avant la fin de l'audience après avoir prononcé une seule phrase efficace : *« Excusez-moi Madame la juge mais, j'ai mon train à 17h37 ! »*

Pour vos deux assistantes, vous comptez les *« frais de déplacements »*. À ces frais, vous osez ajouter ceci :

« Temps d'indisponibilité lors du déplacement » !

Une innovation ?

Si un tel raisonnement peut prospérer, on pourra alors imaginer compter, de façon similaire : *« Temps d'indisponibilité »* lors des entretiens ; lors de l'étude des pièces du dossier ; lors de la rédaction de tel ou tel document ; etc.

Et, pourquoi pas aussi *« le temps d'indisponibilité »* correspondant aux pauses *« pipi et caca »*… Ce qui ne manquerait d'ailleurs pas de créer une nouvelle échelle de facturation tenant compte des états de diarrhées, de constipations, de rétentions urinaires, de diabètes insipides, etc.

On pourrait même envisager de généraliser un tel mode de facturation à tous les métiers. Y compris ceux relevant du domaine de la Santé. Le médecin généraliste, par exemple, pourrait facturer ledit *« Temps d'indisponibilité lors du déplacement »* lorsqu'il rend visite au domicile d'un de ses patients. C'est la « Sécu. » qui serait « contente » !

À ce seul *« Temps d'indisponibilité »*, vous attribuez *« 1200 + 960 »* euros.

À titre subsidiaire, dans votre document, vous citez un *« interrogatoire »* qui aurait eu lieu, selon vous, le *« 17 avril 2010 »*. Or, je n'ai pas le souvenir d'avoir été entendu par un juge d'instruction un samedi !

Dans ce document, vous confirmez donc avoir juste *« transmis au magistrat instructeur »* le mémoire que je me suis trouvé contraint d'élaborer moi-même. Vous confirmez avoir juste *« joué au facteur »*. Ce n'est pas ce que j'attendais de vous. Et, il vous suffit de relire notamment l'article premier de la convention signée lors de notre première et dernière rencontre.

Cher Maître, Monsieur le Député, où est passé celui que je voyais comme un des grands Maîtres du barreau ? Qu'est-il devenu ? Vous arrive-t-il, par moment, de vous interroger sur les conséquences de vos décisions ? Sur leur impact auprès des personnes qui vous font confiance ? Vous arrive-il de regarder, de temps en temps, dans le rétroviseur de votre parcours ? D'où vous venez ? Où vous allez lorsque vous tentez de doubler ? De combien de confiances auriez-vous abusé ? Combien de « pigeons » auriez-vous plumés, écrasés ? Peut-être même sans en avoir pris conscience…

Cher Maître, Monsieur le Député, à vrai dire, au fond, je vous plains. Mais, je ne regrette pas d'avoir fait un bout de chemin avec votre robe noire ; avec votre ombre…

Je vous ai promis d'être bref. Je dois maintenant vous laisser. Je suppose que plusieurs dossiers, sur votre bureau, seraient en attente d'être traités.

Il semblerait même, si l'on croit un récent article de presse, que *« Chez (…)* [vous] *la chasse* [aux Arabes, pourrait-on comprendre] *est ouverte !! »* Et que *« devant les remparts de la vieille ville, les retraités qui soutiennent »* un des « chasseurs », *« espèrent que l'avocat frontiste s'emparera de l'affaire »*, selon ce même article.

Je vous quitte donc en vous souhaitant bon courage.

Un jour, en retour, j'espère simplement pouvoir recevoir une explication de votre bienveillance. J'aimerais juste pouvoir comprendre les raisons de votre silence et de votre inertie dans le dossier que je vous avais confié.

Dans l'attente de cette éventuelle réponse, et en restant à votre entière disposition pour tout complément d'information ou pièce utile,

Je vous prie de bien vouloir recevoir, Cher Maître, Monsieur le Député, l'expression de mon profond respect.

© 2017, Amine UMLIL
Éditeur :
BoD – Books on Demand,
12/14 rond-point des Champs Élysées
75008 Paris, France
Impression :
BoD – Books on Demand, Norderstedt, Allemagne

ISBN : 9782322138678
Dépôt légal : février 2017